CLAIRETTE ET CLAIRON

COMÉDIE EN DEUX ACTES, MÊLÉE DE CHANT

PAR

MM. J. GABRIEL ET DIDIER

Représentée pour la première fois, à Paris, sur le théâtre du VAUDEVILLE,
le 30 octobre 1857.

PARIS
MICHEL LÉVY FRÈRES, LIBRAIRES-ÉDITEURS
RUE VIVIENNE, 2 bis
—
1857
Représentation, reproduction et traduction réservées.

Distribution de la Pièce.

ALCINDOR..........................	MM. Chaumont.
PECCADILLE........................	Parade.
LE CHEVALIER DE CADAUJAC.....	Nertan.
LE MARQUIS DE BRJANT..........	Speck.
JEAN...............................	Paul Schaub.
CLAIRETTE.........................	Mmes P. Granger.
LUCRÈCE...........................	Pierson.
Comédiens, comédiennes.	

S'adresser pour la musique à M. Montaubry, chef d'orchestre au Vaudeville.

CLAIRETTE ET CLAIRON

ACTE PREMIER.

Une salle au café des Neuf-Muses : porte vitrée au fond; un comptoir à droite; portes latérales; tables et chaises pour les consommateurs.

SCÈNE PREMIÈRE.

JEAN, COMÉDIENS, COMÉDIENNES.

UN COMÉDIEN.

Jean! des dominos.

JEAN.

Voici, monsieur de Lestrade.

FLORIDOR.

Jean, *le Mercure*.

JEAN.

Il est en main, monsieur Floridor. (A part.) Les comédiens!... ça meuble un café, mais ça consomme peu. (On appelle.) Jean! Jean! (Répondant.) Voilà! voilà!

SCÈNE II.

[LES MÊMES, LE CHEVALIER *.

LE CHEVALIER.

Bonjour, Jean; mademoiselle Lucrèce n'est pas encore à son comptoir?

JEAN.

Elle ne vient que de rentrer. Elle a passé la soirée et la nuit chez sa tante, place Saint-Sulpice.

LE CHEVALIER, à part.

La nuit... c'est possible, mais la soirée...

JEAN.

Depuis longtemps mademoiselle Lucrèce mourait d'envie d'aller au salut.

LE CHEVALIER.

Pour faire le sien.

* Le chevalier, Jean.

JEAN.

Mais je bavarde, et j'oublie que monsieur Alcindor m'a dit de le prévenir sitôt que vous seriez arrivé.

LE CHEVALIER.

Sais-tu ce qu'il me veut?

JEAN.

Naturellement, j'ai pris la liberté de le lui demander.

LE CHEVALIER.

Et il t'a répondu...

JEAN.

Il m'a répondu : Imbécile!... ça ne peut pas être ça qu'il a à vous dire.

LE CHEVALIER.

Eh bien! annonce-moi.

JEAN.

Oui, monsieur le chevalier.

LE CHEVALIER*.

Et passe-moi *la Gazette*.

JEAN.

Oui, monsieur le chevalier. (Il lui donne le journal.) Vous me direz le mot de l'énigme, si vous la devinez, n'est-ce pas?... quand on sait le mot, ça donne de la considération auprès des habitués. (Il sort.)

SCÈNE III.

LE CHEVALIER, le *Mercure* à la main, assis à gauche.

Passons le madrigal et arrivons aux nouvelles, qui sont quelquefois piquantes... Ah! qu'est-ce que je lis donc là?... (Il lit.) « Hier, à la Comédie, on remarquait, dans une petite loge, la « joueuse de guitare si connue de tous les habitués des cafés « de Paris, Clairette, l'œil en feu, le cou tendu, applaudissait « avec enthousiasme notre grande tragédienne dans un de ses « plus beaux rôles. Rien n'était plus curieux que de contempler « l'artiste de la rue battant des mains à l'artiste du théâtre. N'y « aurait-il pas là l'indice d'une vocation? pourquoi pas?... la « Dumesnil a bien fait ses premières armes dans l'atelier d'une « couturière. » (Se levant.) Tout cela est vrai, monsieur le gazetier, vous pouviez ajouter que Clairette était à la Comédie grâce à deux billets qu'elle tenait du chevalier de Cadaujac, et que la jolie fille qui l'accompagnait n'était autre que la limonadière de ce café, mademoiselle Lucrèce, que son père croyait au salut.

FLORIDOR.

Garçon!

JEAN.

Voilà! voilà!

* Jean, le chevalier.

FLORIFOR.
Combien? (Il paye.)

LE CHEVALIER.
Parbleu! M. le duc de Richelieu, qui m'a fait l'honneur de me prendre à son service, rirait bien, s'il savait que son secrétaire est amoureux fou d'une chanteuse de café, qu'il écoute ses chansonnettes, qu'il en compose même pour elle et qu'il s'en tient là.

SCÈNE IV.
LE CHEVALIER, ALCINDOR.

ALCINDOR.
Je suis le très-respectueux, très-humble et très-obéissant serviteur de monsieur le chevalier de Cadaujac, secrétaire de M. le duc de Richelieu, gouverneur de Guyenne, vainqueur de Mahon, et gentilhomme de l'Académie... Je venais...

LE CHEVALIER.
Est-ce que je serais assez favorisé pour que monsieur Alcindor ou sa charmante fille ait affaire à moi?...

ALCINDOR.
Eh! eh! cela se pourrait bien. Voilà bientôt deux ans, monsieur le chevalier, que vous daignez vous reconforter au café des Neuf-Muses.

LE CHEVALIER.
Un café divin... un chef franc et ouvert, comme son café, à toute heure du jour et de la nuit. (A part.) Il va me présenter son mémoire.

ALCINDOR.
Vous êtes notre seul gentilhomme; or, j'ai cru de la bienséance de vous faire part du mariage de mon unique enfant, de ma chaste Lucrèce, préalablement à nos autres consommateurs.

LE CHEVALIER.
Je respire... et à qui la mariez-vous?

ALCINDOR.
Au fils d'un tapissier de Chartres.

LE CHEVALIER.
Ah!... le fils d'un pâtissier.

ALCINDOR.
Non... non... d'un tapissier. On ne peut pas m'avoir trompé sur la qualité du mari que je donne à ma fille.

LE CHEVALIER.
Mais, j'y songe... serions-nous menacés de perdre notre chère Lucrèce?

ALCINDOR.
Non. J'attends mon futur gendre, M. Peccadille, aujourd'hui même. Je veux l'établir à Paris...

LE CHEVALIER.
Bon!...

ALCINDOR.

Mais, pour s'établir, il faut des pratiques.

LE CHEVALIER.

Lucrèce en aura.

ALCINDOR.

Et si vous daigniez accorder à mon gendre...

LE CHEVALIER.

Ma pratique... elle est à lui... quand je me mettrai dans mes meubles.

ALCINDOR.

Votre recommandation auprès de M. le duc de Richelieu.

LE CHEVALIER.

Peste, monsieur Alcindor, M. le duc ne prend pas ses fournisseurs à Chartres.

ALCINDOR.

Peccadille n'a pas la prétention de tapisser, du premier coup, le vainqueur de Mahon ; il n'aspire qu'à la place de tapissier de la Comédie-Française.

LE CHEVALIER.

C'est plus modeste.

ALCINDOR.

Il adore la comédie, mon futur gendre.

LE CHEVALIER.

Et peut-être les comédiennes.

ALCINDOR.

Il n'est enflammé que de l'amour de l'art. Il veut tapisser la maison de Molière et de Corneille. Or, le maître de cette maison, après le roi, c'est M. le duc de Richelieu, et le maître de M. le duc, c'est monsieur son secrétaire.

LE CHEVALIER.

C'est monsieur son valet de chambre.

ALCINDOR.

Pas possible !

LE CHEVALIER.

Le duc ne refuse rien à son valet de chambre, qui a tous ses secrets de toilette. Heureusement je suis au mieux avec le maraud.

ALCINDOR.

Si monsieur le chevalier voulait me présenter à monseigneur Rafé, qui a bien certainement entendu parler du café des Neuf-Muses, cette pépinière du Théâtre-Français...

LE CHEVALIER, à part.

Cela sera plaisant! (Haut.) Cher monsieur Alcindor, j'ai rendez-vous avec Rafé ce matin même. Il me fait l'honneur de me consulter quelquefois sur des questions de style en sa qualité de valet de chambre d'académicien ; voulez-vous m'accompagner chez lui?

ALCINDOR.

Si je le veux!.. je vais quérir ma canne et mon chapeau...

(A part.) et prendre une boîte de prunes mirabelles de Metz. Monseigneur Rafé ne doit pas être insensible aux douceurs. (haut.) Je reviens incontinent, monsieur le chevalier. (Lucrèce entre.)

SCÈNE V.
LE CHEVALIER, LUCRÈCE.

LE CHEVALIER **.

Bonjour, mademoiselle Lucrèce.

LUCRÈCE.

Votre servante, monsieur le chevalier.

LE CHEVALIER.

Vous êtes-vous bien amusée hier à la Comédie, Mademoiselle ?...

LUCRÈCE.

Oh! beaucoup trop.

LE CHEVALIER.

On ne s'amuse jamais assez. Et Clairette?

LUCRÈCE.

Chut! elle est là.

LE CHEVALIER.

Je vais l'appeler.

LUCRÈCE.

Gardez-vous-en bien. Elle guette, afin d'entrer à la dérobée. Mon père l'a menacée de briser sa guitare : il prétend que lorsqu'elle chante, on ne consomme pas.

LE CHEVALIER.

Alors, remerciez-moi, je vais enlever M. Alcindor et je le livre à M. Rafé.

LUCRÈCE.

Et il le gardera?

LE CHEVALIER.

Précieusement. Je le lui recommanderai.

LUCRÈCE.

Merci, monsieur le chevalier.

ALCINDOR, revenant.

Allons, monsieur de Cadaujac!

LE CHEVALIER.

Allons, monsieur Alcindor.

ALCINDOR, à Lucrèce en sortant ***.

Ah! vous voilà, Lucrèce? vous descendez toujours trop tard... Je sors, ayez l'œil à tout... à tout!

LUCRÈCE.

Oui, papa. (Le chevalier passe devant Alcindor; ils sortent.)

* Alcindor, le chevalier.
** Le chevalier, Lucrèce.
*** Alcindor, le chevalier, Lucrèce.

SCÈNE VI.

LUCRÈCE, CLAIRETTE.

CLAIRETTE, à la porte du fond.

Peut-on entrer?

LUCRÈCE.

Oui, mon père est parti.

CLAIRETTE, entrant*.

Avez-vous bien dormi cette nuit, Mademoiselle?

LUCRÈCE.

Mal dormi, mais bien rêvé; et toi?

CLAIRETTE.

Moi, j'ai eu le cauchemar... le cauchemar tragique. J'ai passé une nuit pleine de fièvre et d'agitation.

LUCRÈCE.

Comme moi.

CLAIRETTE.

J'étais au théâtre.

LUCRÈCE.

Et moi aussi.

CLAIRETTE.

Je ne voyais ni la salle brillante de dorure, ni les flots de lumière qui l'inondaient, ni les soldats du roi, ni les courtisans.

LUCRÈCE.

Je ne voyais rien de tout cela.

CLAIRETTE.

Mon regard, ma pensée, mon âme entière se concentraient sur un seul être.

LUCRÈCE.

Oh! oui, sur un seul.

CLAIRETTE.

C'était la Dumesnil!

LUCRÈCE, bas.

C'était lui!

CLAIRETTE.

Elle se trouvait indisposée; c'est moi que l'on avait choisi pour la remplacer; et j'ai joué, bien joué, j'ai été applaudie... Ah! que ne suis-je la grande artiste que le public acclamait cette nuit!.. que c'est beau, la réputation! Après tout... que sais-je? encore un rêve peut-être. (Elle remonte pour accrocher sa guitare.)

LUCRÈCE.

Comment, tu as rêvé tout cela?

* Lucrèce, Clairette.

CLAIRETTE.

Cela vous étonne?... Ah! c'est que je suis ambitieuse, et s'il ne me fallait pas gagner tous les jours le pain de ma famille....

LUCRÈCE.

Eh bien! que ferais-tu?

CLAIRETTE.

Ce que je ferais? j'irais trouver le roi et je lui demanderais un ordre de début. Je vous dirai même entre nous que, grâce aux leçons d'un vieux comédien, je ne suis déjà plus si novice; j'ai joué quelquefois dans les châteaux des environs de Paris; on a bien voulu m'encourager et, le chevalier, il y a quelques jours, a demandé pour moi un ordre de début au duc de Richelieu.

LUCRÈCE.

Ah! mon Dieu! Clairette... et si l'on te siffle?

CLAIRETTE.

Qu'importe! quand on a quelque chose là, et là, le sifflet, c'est le vent qui vous pousse.

LUCRÈCE.

Et qui est-ce qui t'a mis ces idées-là en tête?...

CLAIRETTE.

C'est mon père, un ancien colporteur de Bergame, qui a montré les Fantoccini et qui fabrique des polichinelles pour les enfants. Son commerce l'a conduit à Paris, où les acteurs italiens, ses compatriotes, lui ont donné la pratique de leurs marmots. Les comédiens français en ont fait autant sur la recommandation de leurs camarades, et mon père a pris dans leur compagnie le goût de la tragédie française. Le Kain est son Dieu. Il baragouine votre langue; mais il sent en artiste et il exprime en comédien.

LUCRÈCE.

Et il t'a communiqué sa passion?

CLAIRETTE.

Oui, Mademoiselle, il y a quelque chose en moi qui me dit : « Tu seras reine! »

LUCRÈCE.

Tu veux épouser Sa Majesté Louis XV?

CLAIRETTE.

Fi donc! Louis XV, c'est bon pour la Pompadour. Je veux être la femme de Mithridate, de Thésée, d'Agamemnon.

LUCRÈCE.

Ah! mon Dieu! que de maris!

CLAIRETTE.

Et lorsque j'aurai un palais ou un petit hôtel comme la Dumesnil, vous y serez toujours la bienvenue, Mademoiselle; je n'oublierai pas, dans mes grandeurs, que vous m'avez prêté des bas.

LUCRÈCE.

Et ce pauvre chevalier de Cadaujac qui t'adore, qui compose

tes chansonnettes... que tu appelles ton public; lorsque tu seras Phèdre ou Clytemnestre, qu'est-ce qu'il deviendra, lui?

CLAIRETTE.

Soyez tranquille, j'en ferai quelque chose. Tous les emplois ne sont pas dans l'almanach royal.

LUCRÈCE, soupirant.

Comme tu es gaie et heureuse, toi! Tu ne sais pas? on veut me marier... Ah! Clairette!...

CLAIRETTE, l'imitant.

Ah! Clairette!..... voilà qui ressemble au commencement d'une confidence. Voyons, venez me conter cela. (Elles s'asseyent à droite.)

LUCRÈCE.

Tu sais bien que nous nous sommes séparées hier au soir après le spectacle, au carrefour de Bussy, toi pour aller rue Mazarine, moi place Saint-Sulpice, chez ma tante.

CLAIRETTE.

Oui, après?

LUCRÈCE.

A peine m'avais-tu quittée que je m'aperçus que quelqu'un me suivait en gagnant du terrain. J'avais peur et j'allais crier, lorsque j'entendis une petite voix qui me disait : « Mademoiselle Mademoiselle, n'allez pas si vite, c'est moi. »

CLAIRETTE.

Et vous avez couru plus leste encore?

LUCRÈCE.

La voix était si douce... j'ai tourné la tête.

CLAIRETTE.

Et vous avez vu?

LUCRÈCE.

Un jeune homme.

CLAIRETTE.

Oh! c'est moins effrayant !

LUCRÈCE.

« Je ne souffrirai pas, m'a-t-il dit, qu'une jolie fille comme vous chemine seule dans Paris, le soir, sans être escortée. — Monsieur, je vais à deux pas d'ici, chez ma tante, ai-je répondu. — J'ai tant de choses à vous dire. — Monsieur, il est trop tard. » Nous étions à la porte de ma tante; il m'a baisé passionnément la main et il m'a dit : « A bientôt! »

CLAIRETTE.

Ah! il vous a baisé la main? et c'était la première fois que vous causiez avec lui?

LUCRÈCE.

Oh!... c'était la seconde. La semaine dernière au Luxembourg, où je me promenais avec ma tante, je crois que je l'ai aperçu. Il me semble même qu'il m'a dit quel'ques mots à l'oreille... Je sais son petit nom : il s'appelle Hippolyte.

ACTE I, SCÈNE VI.

LE MARQUIS, qui est entré sur ces derniers mots.

On parle de moi.

LUCRÈCE.

Mais je ne croyais pas le revoir, et j'ai été bien étonnée en le retrouvant hier à la Comédie, à l'entrée de l'orchestre.

CLAIRETTE.

Il était à la Comédie? je m'explique maintenant vos distractions. Pendant que je regardais Phèdre, vous regardiez Hippolyte.

LUCRÈCE.

Que veux-tu?... ses yeux parlaient.

CLAIRETTE.

Et les vôtres lui répondaient?... dangereuse conversation, Mademoiselle!... Tenez, je ne suis qu'une pauvre fille, sans expérience, mais je crains que vous ne vous prépariez des regrets. Monsieur Hippolyte est un fort beau garçon, sans doute, mais il est probablement d'une autre condition que la vôtre, et il serait plus sage... (On entend la voix d'Alcindor dans le deuxième salon.) Jean! Jean!

LUCRÈCE, se levant.

Ah! mon Dieu! c'est mon père!

CLAIRETTE.

M. Alcindor! s'il touche à ma guitare, je suis fille à lui arracher les yeux. Quand je suis en colère, je suis une lionne!

LUCRÈCE, remontant.

Attends donc, il cause avec un étranger!... Ah! grand Dieu! si c'était... (Elle descend.)

CLAIRETTE.

Votre prétendu?

LUCRÈCE.

Ça doit être ça.

LE MARQUIS, à part.

Son prétendu!... j'arrive à temps!...

CLAIRETTE.

Où me cacher?

LUCRÈCE.

Entre vite dans ce cabinet. Je t'avertirai dès que tu pourras en sortir.

CLAIRETTE.

Grand merci, Mademoiselle. On voit bien que vous l'aimez?

LUCRÈCE.

Qui, mon futur?

CLAIRETTE.

Monsieur Hippolyte.

LUCRÈCE.

Un peu.

CLAIRETTE.

Beaucoup.

LUCRÈCE.
Passionnément.
CLAIRETTE, en sortant.
Non !... pas du tout !

SCÈNE VII.

LUCRÈCE, LE MARQUIS.

LE MARQUIS, allant à Lucrèce.
Vous ne l'aimerez jamais autant qu'il vous aime.
LUCRÈCE.
O ciel ! vous étiez là, Monsieur ?
LE MARQUIS.
Ne vous ai-je pas dit : « A bientôt ? »
LUCRÈCE.
Et vous avez entendu...
LE MARQUIS.
Un aveu que j'aurais payé de ma vie !
LUCRÈCE.
Quoi ! Monsieur, au risque de me compromettre !
LE MARQUIS.
Rassurez-vous, je sais trop ce que je vous dois.
JEAN, entrant précipitamment sur les derniers mots du marquis.
Dix-huit sous avec les deux flûtes.
LUCRÈCE, troublée.
Que dites-vous donc, Jean ?
JEAN.
Je dis que Monsieur doit dix-huit sous pour sa limonade.
LE MARQUIS.
C'est bien ! apportez-en une seconde.
JEAN.
Deux limonades !... Ah ! ce n'est pas un comédien.
LUCRÈCE.
De grâce, retirez-vous... Voici mon père et mon futur.
LE MARQUIS.
Je vous en délivrerai, fiez-vous à moi.

SCÈNE VIII.

LES MÊMES, ALCINDOR, PECCADILLE, LE CHEVALIER*.

ALCINDOR.
Monsieur le chevalier, je vous présente mon gendre. Monsieur Peccadille, saluez monsie le chevalier de Cadaujac, à qui vous devrez la place de tapissier supplémentaire de la Comédie-Française.

* Peccadille, Alcindor, le chevalier.

ACTE I, SCÈNE IX.

PECCADILLE*.

En croirais-je mes oreilles!... Ah!... Monseigneur!

LE CHEVALIER.

M. Rafé a été d'une courtoisie... Il a promis de m'envoyer le brevet, signé de M. le duc de Richelieu, dans un quart d'heure.

PECCADILLE.

Enfin, la maison de Molière m'ouvre ses portes!

LE CHEVALIER.

Il était tout simple que Molière accueillît chez lui un collègue. Poquelin n'a-t-il pas été tapissier?

PECCADILLE.

Tapissier de génie, Monsieur; la France n'oubliera pas que Molière est l'inventeur des fauteuils à la Voltaire.

LE CHEVALIER.

Et des tables à la Tronchin.

PECCADILLE, étonné.

Ah!... je l'ignorais.

LE CHEVALIER.

Oui, mais que je ne vous retienne pas, monsieur Peccadille, vous devez être impatient de présenter vos hommages à votre jolie future.

PECCADILLE, lorgnant Lucrèce qui entre.

Future... présente...

LE CHEVALIER.

Charmant!... vous plairez, monsieur Peccadille; avec votre permission je vais déjeuner. Jean, mon chocolat dans ce cabinet. Tâche qu'on ne me dérange pas. (A part.) Je veux achever ma chanson nouvelle pour Clairette. (Il sort.)

SCÈNE IX.

LES MÊMES, moins le chevalier.

PECCADILLE, allant à Lucrèce, vers le comptoir.

Enfin, nous sommes seuls! et je puis vous exprimer, divine Lucrèce... (Jean paraît avec un plateau et se dirige vers le cabinet où est entré le chevalier. Alcindor tire Peccadille par la basque de son habit. Peccadille se retourne. Lucrèce, pendant ce temps, est sortie du comptoir et est entrée dans une pièce en face.)

PECCADILLE, se retournant.

Eh!... laissez donc, monsieur Alcindor!... Ah! par où a-t-elle donc passé?...

ALCINDOR.

Mon cher Peccadille, vous aurez une femme accomplie! j'en pleure de joie!... Savez-vous ce qu'elle vient de faire, ma chaste Lucrèce? elle vient de sacrifier l'amour au devoir. Elle vous a

* Alcindor, Peccadille, le chevalier.

planté là, la naïve enfant, comme si vous étiez déjà son mari, pour faire servir elle-même les consommateurs.

PECCADILLE.

C'est un trait digne d'une Romaine! Je suis très-ému! A quelle heure dînez-vous?

ALCINDOR.

A deux heures.

PECCADILLE.

Alors, j'ai le temps de me reconnaître.

ALCINDOR.

Mauvais sujet!... Je vous connais, moi. J'ai pris des informations. J'espère que vous ne recommencerez pas vos petites peccadilles.

PECCADILLE.

Ah! beau-père, vous dites ça à cause de mon nom! Eh bien, je vous avouerai, en confidence, que mon cœur n'a encore parlé que trois fois.

ALCINDOR.

C'est trop!

PECCADILLE.

C'est peu : la première fois, pour mademoiselle Florival, une tragédienne de Chartres. En province, on a besoin de distractions : elle me transportait dans *Médée*. Un soir, j'ai cru que j'aurais une affaire avec Jason. — La seconde, pour mademoiselle Araminthe, une autre tragédienne!... Elle me passionnait dans *Camille*, et j'ai failli être poignardé avec elle dans la coulisse par Horace. — La troisième, pour mademoiselle Céliane.

ALCINDOR.

Encore une tragédienne?

PECCADILLE.

Oui, Alcindor, toujours des tragédiennes. La femme tragique exerce sur moi une influence irrésistible. Une tragédienne n'est pas une simple femme, c'est souvent une déesse, presque toujours une reine, une princesse tout au moins... vous comprenez, Alcindor, que lorsque Iphigénie a des bontés pour vous, on a le droit de se croire un Achille, et cela fait plaisir.

ALCINDOR.

Diable! mais avec un tempérament aussi inflammable...

PECCADILLE.

Oh! j'ai jeté mon premier feu. La raison a repris son empire, et si vous m'offrez une Lucrèce pour femme, vous donnez à votre fille un Caton.

ALCINDOR.

A la bonne heure! Suivez-moi, Peccadille, je vais vous indiquer votre chambre.

PECCADILLE.

J'en profiterai pour faire un bout de toilette.

ALCINDOR.

Mais je vous trouve très-bien, comme ça.

PECCADILLE.

Vrai! Eh bien! quand je serai habillé, je ne serai plus reconnaissable. (Ils sortent.)

SCÈNE X.
LE MARQUIS, LUCRÈCE, puis CLAIRETTE.

(Lucrèce sort du cabinet avec le plateau et se met au comptoir.)

LE MARQUIS.

Il n'y a pas un instant à perdre. (Il remonte au fond et regarde.) Personne!... (Allant à Lucrèce.) Belle Lucrèce, on veut vous marier sans consulter votre cœur.

LUCRÈCE.

C'est vrai.

LE MARQUIS.

J'empêcherai ce mariage.

LUCRÈCE.

Mais comment?

LE MARQUIS.

J'ai une chaise et des chevaux au bout de la rue... acceptez mon bras.

LUCRÈCE.

Non, Monsieur, jamais!

LE MARQUIS.

Venez! venez!

LUCRÈCE.

O ciel! un enlèvement. (Clairette paraît.)

LE MARQUIS.

Rien n'est plus à la mode.

LUCRÈCE.

Silence!... voici Clairette.

LE MARQUIS.

Au diable la chanteuse!

LUCRÈCE, à Clairette.

Hâte-toi de partir, avant que mon père ne revienne.

CLAIRETTE.

Non, je reste, j'ai tout entendu, je vous sauverai malgré vous.

LUCRÈCE.

Quoi! tu sais?...

CLAIRETTE.

Oui, M. Hippolyte... il est là.

LUCRÈCE.

C'est vrai... pardonne-moi, je l'aime tant!

CLAIRETTE.

Ce n'est pas une raison, je n'écoute rien, je veux vous sauver.

LUCRÈCE.

Mais que lui dire? et que faire?

* Le marquis, Lucrèce.

CLAIRETTE.

Vous avez peur? je vais amener du renfort et je l'obligerai bien à partir... laissez-moi faire, vous allez voir... (Elle se pose au milieu du café, prend sa guitare et commence un prélude. — Tous les yeux se dirigent de son côté. — Elle chante.)

Air nouveau de MONTAUBRY.

Écoutez de Clairette
La nouvelle chanson,
Vive la chansonnette
Qui donne une leçon!

(Elle se tourne et regarde Lucrèce en chantant ces deux vers.)

CHŒUR.

Écoutons de Clairette
La nouvelle chanson,
Vive la chansonnette
Qui donne une leçon!

CLAIRETTE.

PREMIER COUPLET.

Un soir la jeune Annette,
En revenant seulette,
Vit compère le loup
Sortir d'un bois de houx;
La fille du village,
Sous son gentil corsage,
Sentait mourir son cœur.
Quand parut un chasseur...

LUCRÈCE, qui a quitté son comptoir, dit à Clairette qu'elle écoutait.
Quand parut un chasseur?

CLAIRETTE.
Et c'était un sauveur!

CHŒUR.

(Clairette accompagne le chœur sur sa guitare.
Écoutons de Clairette
La nouvelle chanson;
Vive la chansonnette
Qui donne une leçon!

(Pendant le chœur, Lucrèce reçoit à part les nouvelles attaques du marquis.)

LE MARQUIS.

Bah! en revenant après la noce, j'aurai peut-être plus de chance.

CLAIRETTE.

DEUXIÈME COUPLET.

La naïve bergère
Ne s'imaginait guère
Que le tueur de loup
Était un loup-garou!
Quand partit l'infidèle,
On vit pleurer la belle;

Mais l'histoire, ma foi,
Ne nous dit pas pourquoi.

LUCRÈCE, revenant à Clairette.

Ne nous dit pas pourquoi?

CLAIRETTE.

Ne nous dit pas pourquoi.

CHŒUR.

Écoutons de Clairette... etc., etc.

SCÈNE XI.

LES MÊMES, ALCINDOR.

(A son arrivée Lucrèce jette un cri et disparait dans le cabinet. Le marquis sort fièrement en saluant Alcindor. Clairette veut s'échapper, Alcindor la ramène.

ALCINDOR.

Ah! je t'y prends enfin, coquine!

CLAIRETTE.

Voulez-vous bien me laisser!

ALCINDOR.

Non, non, nous avons un à-compte à régler tous deux. Je te dois quelque chose.

CLAIRETTE.

Je vous tiens quitte.

ALCINDOR, la ramenant.

Viens ici, bohémienne!

CLAIRETTE.

Moi, bohémienne! Artiste, entendez-vous?

ALCINDOR.

Artiste! une marchande de chansons!...

CLAIRETTE.

Un marchand de limonade!

ALCINDOR.

Je suis un homme établi, impertinente.

CLAIRETTE.

Et moi une fille à établir : voilà toute la différence.

ALCINDOR.

Elle m'interloque. Je ne dois pas souffrir qu'une guitare m'interloque! (Il appelle.) Jean!

JEAN.

Monsieur?...

ALCINDOR.

Mettez-moi cette princesse à la porte.

CLAIRETTE, jouant à la comédie.

Ne me renvoyez pas, de grâce!..

ALCINDOR.

Allez au diable!..

CLAIRETTE.

J'ai besoin de gagner ma vie.

ALCINDOR.
Qu'est-ce que ça me fait?..
CLAIRETTE.
J'ai quatre pauvres petits enfants sur les bras.
ALCINDOR.
Je m'en moque comme de ça.
CLAIRETTE.
Ayez pitié d'une malheureuse fille.
ALCINDOR.
Point de pitié!..
CLAIRETTE.
Monsieur, voyez nos larmes.
ALCINDOR.
Je ne veux rien voir.
CLAIRETTE.
J'embrasse vos genoux!..
ALCINDOR.
A la porte! à la porte! (Clairette se relève et part d'un éclat de rire en se tenant les côtes.)
CLAIRETTE.
Ah! ah! ah! ah!
ALCINDOR, surpris.
Qu'est-ce qui lui prend donc?
CLAIRETTE, riant plus fort.
Ah! ah! ah! (Ici tous les personnages partagent l'hilarité de Clairette.)
ALCINDOR.
Est-ce qu'elle devient folle?
CLAIRETTE.
Eh non! vous ne voyez donc pas que je me moque de vous? (Rires.)
ALCINDOR.
Ah! masque! attends! attends!
CLAIRETTE, le faisant reculer.
Si vous me touchez, gare à vos yeux. (Rires.)
ALCINDOR.
Mademoiselle, je suis ici chez moi!
CLAIRETTE.
Allons donc! vous êtes chez nous. Un café est un lieu public. Vous êtes ici pour nous servir.
LES CONSOMMATEURS.
Oui, oui, elle a raison!..
ALCINDOR, à part.
Je suis seul et le peuple est contre moi... Temporisons. (Haut.) Mademoiselle, je suis à vos ordres.
CLAIRETTE.
Avance-moi une chaise, Alcindor.
ALCINDOR, à part.
Elle me tutoie!..quelle humiliation! (Haut.) Maissi chacun peut entrer céans et y donner des ordres, c'est à une condition...

CLAIRETTE.
C'est sans condition.
ALCINDOR.
Mademoiselle voudrait-elle alors me dire quelle est la différence entre la rue et le café?
CLAIRETTE.
S'il y en a une, elle est à l'avantage de la rue : il y a plus d'air. (Rires.)
ALCINDOR.
Voici la définition de M. le lieutenant de police : Un café, est un endroit public où l'on consomme.
CLAIRETTE.
Eh bien, je consomme! (Elle boit un verre d'eau.) Qu'as-tu à dire?... (Rires.)
ALCINDOR.
De l'eau claire! ce n'est pas ici la Samaritaine.
CLAIRETTE.
Au fait, tu as raison. Holà! Jean!
JEAN.
Voilà! voilà!
CLAIRETTE.
Du champagne, et du meilleur. Je n'en ai jamais bu, c'est une occasion de faire connaissance. On dit que c'est le vin des poëtes, des amoureux et des artistes. Moi, je me sens assez de folie et de cœur pour être à la fois amoureuse, artiste et poëte.
ALCINDOR.
Est-ce que je suis rien de tout cela, moi?
CLAIRETTE.
Aussi tu ne boiras pas. Jean! des verres à ces messieurs et à ces dames.
ALCINDOR.
Du champagne à une chanteuse des rues! quand ce sont les gentilshommes seuls qui se le permettent chez nous. On a bien raison de dire qu'avec ces gens-là, ce qui vient par la flûte s'en retourne par le tambour.
CLAIRETTE.
Maintenant, buvons à la santé de Melpomène et de Thalie, les deux muses du théâtre.
LES CONSOMMATEURS.
A la santé de Clairette!...
CLAIRETTE.
Ma foi, c'est un joli petit vin : comme ça gazouille, comme ça chante dans le verre!...
UN COMÉDIEN.
Fais comme le champagne, Clairette, et chante-nous une petite ronde à boire.
TOUS.
Oui, oui, chante-nous une ronde, Clairette.

CLAIRETTE.

Vous le voulez, mes amis, écoutez tous.

Air nouveau de MONTAUBRY.

Vive un flacon de champagne,
C'est l'oubli de la raison ;
Il fait battre la campagne,
Et fait naître la chanson.
Allons,
Vidons
Les flacons,
Ma Lisette,
Ma brunette,
Oui, buvons.
Le plaisir est là,
Ma Lisette,
Ma brunette,
On rira.

TOUS.

Allons,
Vidons
Les flacons,
Ma Lisette,
L'on rira.

DEUXIÈME COUPLET.

CLAIRETTE.

Aux amants il faut l'ivresse,
Le vin met la joie au cœur ;
On est ivre d'allégresse,
On est ivre de bonheur.
Allons,
Vidons, etc.

CHŒUR.

Vidons, etc.

ALCINDOR.

C'est un vrai démon, que cette fille-là... mais elle consomme et cela me suffit ; il faut qu'elle ait chanté cette nuit chez quelque grand seigneur... (A Clairette.) Mademoiselle, la farce est jouée, les bouteilles sont vides, vous plairait-il de supputer avec moi la dépense ?

CLAIRETTE.

Combien vous dois-je ?

ALCINDOR.

Deux pistoles.

CLAIRETTE.

Pas davantage ? Eh bien, je recommencerai.

ALCINDOR.

C'est vingt livres tournois.

CLAIRETTE.

J'ai bien entendu. Avez-vous de la monnaie, monsieur Alcindor?...

ALCINDOR.

Toujours, Mademoiselle.

CLAIRETTE.

Vous êtes bien heureux, moi, je n'en ai pas.

ALCINDOR.

Qu'est-ce que cela signifie?

CLAIRETTE.

Mais, je chante ce soir chez le prince de Soubise, et demain matin vous aurez votre argent.

ALCINDOR.

Je suis volé! Qu'on aille chercher le guet.

CLAIRETTE.

Le guet!...

ALCINDOR.

Ah! vous buvez mon champagne, vous me tutoyez et vous n'avez pas le sou!... Vous irez chanter en prison, la belle, si vous ne trouvez pas un mélomane qui paye pour vous, et il s'en trouvera peut-être un, assez riche et assez bête pour cela... Qui veut payer pour Mademoiselle?

SCÈNE XII.

Les mêmes, LE CHEVALIER.

LE CHEVALIER.

Moi!...

ALCINDOR.

Monsieur le chevalier de Cadaujac?...

LE CHEVALIER.

Vous réclamez deux pistoles, Monsieur, les voici...

CLAIRETTE.

Merci, monsieur le chevalier, vous êtes le meilleur des hommes, merci!

ALCINDOR, à part.

Il a contribué à la nomination de mon gendre, et il m'a payé, soyons gracieux... (Haut.) Monsieur le chevalier se doute bien que j'ai voulu rire et plaisanter agréablement.

LE CHEVALIER.

Plaisanter, en appelant le guet?

ALCINDOR, s'oubliant.

Imbécile que je suis!

CLAIRETTE, déclamant.

Seigneur, dans cet aveu dépouillé d'artifice,
J'aime à voir que du moins vous vous rendez justice.

SCÈNE XIII.

Les mêmes, un valet, une lettre à la main.

LE VALET.

Pour monsieur le chevalier de Cadaujac.

LE CHEVALIER.

Donnez!... Ah! c'est de M. Rafé.

ALCINDOR.

M. Rafé!... mon gendre est nommé?

LE CHEVALIER.

C'est l'ordre de début que j'attendais.

CLAIRETTE.

Un ordre de début!

ALCINDOR.

Un début dans l'emploi des tapissiers?

LE CHEVALIER.

Eh non! c'est un début dans la tragédie... Voyons, Mademoiselle, aidez-moi donc à remplir ces blancs... Quel nom allons-nous mettre là?

ALCINDOR.

Peccadille ne peut pas débuter dans la tragédie.

CLAIRETTE.

Mettez le nom de Clairette, mon cher protecteur, le vôtre sera toujours gravé là. (Elle montre son cœur.)

ALCINDOR.

Comment, c'était pour elle!.. Ah! l'intrigante! je disais bien qu'elle avait le diable au corps.

CLAIRETTE.

M. de Voltaire a dit qu'il fallait avoir le diable au corps pour jouer la tragédie.

LE CHEVALIER.

Alors, vous la jouerez comme un ange. Écrivons Clairette.

ALCINDOR.

Clairette, cela ressemble à clarinette. Le beau nom, sur une affiche.

CLAIRETTE.

Pourquoi pas? On fera de Clairette, Clairon.

LE CHEVALIER.

Clairon! à merveille, voilà un nom qui résonne. Allons, ma chère Clairette, je vais sans plus tarder vous présenter au semainier de la Comédie-Française. Laissez là votre guitare et partons.

CLAIRETTE.

Ma guitare! ah! chevalier, vous me permettrez de venir la reprendre, n'est-ce pas? C'est une vieille camarade. Je n'ai pas oublié votre joli madrigal : *A la Guitare de Clairette.*

Sur un tremolo de l'orchestre.

C'est le soutien, le charme de ma vie,
C'est ma compagne et ma fidèle amie,
Sa corde vibre à l'unisson du cœur :
Elle gémit, quand gémit la douleur ;
Elle soupire à la plainte rêveuse ;
Peut-être un jour sera-t-elle amoureuse.
Ah ! près de moi, je veux garder toujours
Le luth divin qui chantera l'amour.

TOUS.

Bravo ! Clairon !

CLAIRON.

Mes amis, je retiens ces bravos-là pour mes débuts.

CHŒUR.

Adieu, chansonnette,
Guitare et flonflon ;
Bonsoir à Clairette,
Bonjour à Clairon.

ACTE DEUXIÈME.

Un salon chez Clairon : porte au fond ; deux portes à droite ; à gauche des couronnes et une guitare sont attachées au-dessus d'un meuble.

SCÈNE PREMIÈRE.

CLAIRON, LE CHEVALIER DE CADAUJAC*.

LE CHEVALIER.

Quelle ravissante toilette !

CLAIRON.

Je viens de remercier M. le duc de Richelieu de la gratification qu'il a bien voulu me faire accorder par le roi.

LE CHEVALIER, soupirant.

Ah ! Clairon !...

CLAIRON.

Qu'avez-vous, mon cher chevalier ?

LE CHEVALIER.

Vous le demandez ?

CLAIRON.

Si vous continuez, je vais accompagner vos soupirs avec ma guitare. Cela fait très-bien, un soupir, avec accompagnement de guitare.

* Clairon, le chevalier.

LE CHEVALIER.

Vous riez toujours!...

CLAIRON.

Sous prétexte que je joue la tragédie au théâtre, faut-il donc que je la joue encore à la ville? Le grand malheur, quand on prendrait quelquefois une fille de Corneille pour une servante de Molière!

LE CHEVALIER, indiquant la guitare*.

Comprend-on que vous raffoliez de cet insipide instrument!..

CLAIRON.

Il m'a été fidèle dans l'adversité, le succès n'a pas changé mon cœur; j'aime tout ce que j'aimais alors... (Elle se tourne vers le chevalier.) Aussi, vous le voyez, tout près des couronnes de Clairon, j'ai mis la guitare de Clairette.

LE CHEVALIER.

Elle est plus heureuse que moi.

CLAIRON.

Comment l'entendez-vous, chevalier?...

LE CHEVALIER.

Voilà trois ans que je vous aime, et deux ans, qu'au café des Neuf-Muses, vous m'avez avoué que mon amour ne vous déplaisait pas... et cependant je suis encore tout uniment votre ami. Je dois vous paraître bien ridicule, convenez-en?

CLAIRON.

Vous, ridicule!... Le pensez-vous?...

LE CHEVALIER.

Mais enfin, comment expliquer?...

CLAIRON.

Je sais combien votre amour est sincère, chevalier, et je sais par conséquent ce qu'il vaut. J'ai de la vanité pour vous, moi : je ne veux pas que vous soyez aimé légèrement, à peu près, mais tout de bon, comme vous méritez de l'être; et tant que je ne serai pas bien sûre de vous aimer ainsi, tant que ce que je sens pourra être pris pour de l'amitié ou de la reconnaissance, eh bien! vous resterez tout uniment mon ami, comme vous le dites. (Elle lui tend la main.)

LE CHEVALIER.

Que voulez-vous que je réponde à cela? Vous êtes une sirène... vous séduisez... mais vous n'aimez pas...

CLAIRON.

Ma foi, je n'en sais rien. Cela vient sans qu'on y pense. Tenez, je ferai ce soir mon examen de cœur, et demain matin je vous dirai franchement ce qu'il en est.

LE CHEVALIER.

Allons, j'attendrai. Mais êtes-vous bien sûre, au moins, de 'aimer personne?...

---

* Le Chevalier, Clairon.

CLAIRON, se levant*.

Est-ce que j'ai le temps, grand Dieu!... je joue trois fois par semaine et je répète tous les jours!... et si vous saviez ce que c'est qu'une répétition, comme cela calme les passions et les élans du cœur!... Ah! si l'artiste qui aime son art n'apercevait errantes dans les profondeurs de la salle les grandes ombres de Corneille et de Molière, pour le soutenir et lui faire oublier tous ces vulgaires chagrins qui ne passent pas la rampe, ce serait à redevenir artiste en plein vent : là au moins on a l'espace et la liberté.

SCÈNE II.

Les mêmes, JEANNETTE.

JEANNETTE.

Le tapissier de mademoiselle Clairon !

CLAIRON**.

Je parlais de liberté, vous voyez que je n'en ai pas même ici. Qu'il attende.

JEANNETTE.

Madame, j'avais aussi à vous annoncer M. le marquis d'Amberville, et à vous remettre ce billet de la part de M. le marquis de Briant.

LE CHEVALIER.

Hein!... qu'est-ce que tous ces marquis-là?

CLAIRON.

Il ne vous manquait plus que d'être jaloux.

LE CHEVALIER.

Mais enfin, ces marquis?...

CLAIRON.

L'un, M. le marquis de Briant, est un jeune fou que je n'ai jamais reçu et qui m'accable de ses billets galants.

LE CHEVALIER.

N'est-ce pas lui qui poursuivait cette pauvre Lucrèce avant son mariage ?

CLAIRON.

Précisément! sa réputation me fait peur.

LE CHEVALIER.

Et l'autre, M. le marquis d'Amberville, celui qu'on vient de vous annoncer, qu'est-ce que c'est que ça?

CLAIRON.

Il m'a écrit pour m'exprimer son admiration et pour me demander la permission de me présenter ses hommages; c'est sans doute quelque vieil amateur, un de ceux que nous appelons familièrement nos banquettes; je le vois d'ici, perruque

* Clairon, le chevalier.
** Jeannette, Clairon, le chevalier.

de président, canne à bec de corbin, un Géronte doublé de Vadius et de Trissotin.

LE CHEVALIER.

Et vous allez le recevoir?

CLAIRON.

Mon ami, le salon d'une actrice appartient un peu au public; voulez-vous que je me brouille avec mon parterre?

LE CHEVALIER.

Mais votre réputation?

CLAIRON.

Mais ma gloire?

LE CHEVALIER.

Vous me faites trembler, Clairon.

CLAIRON.

Vous me faites rire, chevalier; ayez confiance et laissez-moi recevoir le marquis. Jeannette, dis à mon tapissier de prendre patience, j'ai à lui parler de mon nouvel ameublement, et prie M. le marquis d'Amberville de m'attendre dans ce salon; vous, mon ami, suivez-moi, vous sortirez par le petit escalier, l'escalier de l'amitié.

LE CHEVALIER.

Clairon!...

CLAIRON.

Chevalier?...

LE CHEVALIER.

Est-il bien loin de celui de l'amour?

CLAIRON.

Ils sont mitoyens, chevalier. (Ils sortent par la droite.)

SCÈNE III.

JEANNETTE, PECCADILLE, en marquis, entrant par le fond.

JEANNETTE *.

Si monsieur le marquis veut prendre la peine de s'asseoir, mademoiselle Clairon ne tardera pas.

PECCADILLE.

Oui, charmante Phénice.

JEANNETTE.

Je m'appelle Jeannette, Monsieur, et pas Phénice.

PECCADILLE.

Apprenez, ma mie, que toutes les filles de chambres de tragédiennes s'appellent Phénice ou Cléone.

JEANNETTE.

Ah! bien, il est drôle, ce marquis-là! (Elle sort.)

* Peccadille, Jeannette.

SCÈNE IV.

PECCADILLE, seul.

Me voici dans le temple de la divinité! Ouf!... mon cœur fait un tapage!... Tout beau, mon cœur, comme dirait Don Rodrigue. Voilà cependant plus de six mois que j'aspire à ce moment fortuné! O Chimène!.. ô Roxane!.. ô Cléopâtre!... Pourvu que Cléopâtre n'aille pas me faire avaler quelque couleuvre!... Bah!.. cet habit de cour que j'ai emprunté au valet de chambre de M. le duc d'Aumont me déguise à merveille, et il est impossible que Clairon se doute que ces flots de dentelles cachent un tapissier galant. Ah! la femme tragique me perdra. Je m'étais bien juré, après mon mariage avec mademoiselle Alcindor, de n'y plus revenir. Un regard de Clairon a suffi pour réveiller la passion qui dormait sur l'oreiller conjugal; en vérité! je crois que j'ai été mordu par quelque tragédie enragée. Enfin, puisque je suis ici, tâchons de bien prendre nos mesures... Hein? voilà un mot qui sent la boutique! mesures!... Il s'agit de bien prendre nos dispositions. Récapitulons: je me nomme d'Amberville, je suis marquis, j'ai toujours aimé les beaux vers et les belles femmes, je mets aux pieds de Melpomène mon cœur, ma fortune et mes deux mains. C'est à merveille!... quand je songe aux distractions que je vais me procurer loin de ma pauvre petite femme, de ma jalouse Lucrèce, qui s'imagine que je pose en ce moment des tapis à Versailles, chez M. le duc d'Aumont, le propriétaire de mon habit!... Ah! les maris sont des coquins!... Le mot est lâché et je ne le rattrape pas : les maris sont d'affreux coquins! (se retournant.) Dieu! ma princesse!...

SCÈNE V.

PECCADILLE, CLAIRON.

PECCADILLE*.
O Clairon, permettez au plus humble de vos admirateurs...

CLAIRON.
Trêve de compliments, marquis, je suis trop heureuse lorsque mes admirateurs veulent bien devenir mes amis. L'amour-propre n'y perd rien et le cœur y gagne, asseyez-vous et causons.

PECCADILLE; ils s'asseyent.
Oui, Clairon, asseyons-nous et balivernons comme une paire d'amis. Oh! chère amie, vous avez là des fauteuils rembourrés de noyaux de pêche. C'est de la camelotte!

CLAIRON, souriant.
Qu'est-ce que c'est que ça, marquis?...

---

* Peccadille, Clairon.

PECCADILLE.

Eh! parbleu! de la camelotte, de l'ouvrage fagoté.

CLAIRON, souriant.

Ah!... fort bien!... Je ferai des reproches à mon tapissier.

PECCADILLE.

Sans indiscrétion, peut-on savoir le nom du massacre?

CLAIRON.

C'est le tapissier de M. le duc de Richelieu.

PECCADILLE.

Ah! c'est Trumeau! ça ne m'étonne pas, que ne vous adressez-vous à Peccadille?

CLAIRON.

Vous connaissez Peccadille?

PECCADILLE.

J'en ai entendu parler chez le duc d'Aumont, vous comprenez bien, ma chère amie, qu'un homme de ma qualité ne fréquente pas un tapissier. (A part.) Imprudent! j'ai failli me trahir.

CLAIRON, à part.

Fier et sot, c'est quelque robin décrassé. (Haut.) Vous aimez donc beaucoup la tragédie, monsieur le marquis?

PECCADILLE.

La tragédie!... si je l'aime!... mais j'en perds la tête!... Je vous avouerai même, entre nous, que j'ai cru un instant que je serais de la maison. Oui, j'avais songé à devenir votre camarade.

CLAIRON, riant.

Ah! c'est trop d'honneur, monsieur le marquis.

PECCADILLE.

Voyez-vous, j'ai beaucoup de naturel et un hoquet magnifique.

CLAIRON.

Et le rôle favori de monsieur le marquis?..

PECCADILLE.

C'est Hippolyte... Ah! Clairon, je serais bien beau dans Hippolyte!

CLAIRON.

Je meurs d'envie de vous entendre. Voulez-vous que je vous donne la réplique?

PECCADILLE.

Eh quoi! vous daigneriez être mon Aricie?

CLAIRON.

On n'a pas tous les jours un Hippolyte bâti comme vous.

PECCADILLE, à part, se levant.

Son œil a rencontré le mien; c'est le moment de risquer la déclaration sous le pseudonyme d'Hippolyte.

CLAIRON.

Eh bien!... y êtes-vous?

ACTE II, SCÈNE VI.

PECCADILLE.

M'y voici, mais... il me manque un carquois et des flèches... Vous savez que je reviens de la chasse!..

CLAIRON.

Nous répéterons un autre jour avec les flèches.

PECCADILLE, à part.

Tu n'éviteras pas les flèches de l'amour. (Haut.) Je commence! (Il déclame.)

« . . . . . Madame, il faut vous informer
« D'un secret que mon cœur ne peut plus renfermer :
« Vous voyez devant vous un prince déplorable,
« D'un téméraire orgueil exemple mémorable ;
« Depuis près de six mois, honteux, désespéré,
« Portant partout le trait dont je suis déchiré...

CLAIRON.

Bravo, marquis !

PECCADILLE.

« Contre vous, contre moi, vainement je m'éprouve ;
« Présente, je vous fuis; absente, je vous trouve.
« Moi-même, pour tout fruit de mes soins superflus,
« Vainement je me cherche et ne me trouve plus.
« Mon arc, mes javelots, mon char, tout m'importune,
« Je ne me souviens plus des leçons de Neptune,
« Mes seuls gémissements font retentir les bois... »

CLAIRON, rit comme une folle. Peccadille tombe à ses pieds.

Eh bien!.. eh bien! y songez-vous, mon cher Hippolyte ; ceci n'est pas dans votre rôle...

PECCADILLE.

Qu'importe, si c'est dans mon cœur! (Clairon sonne.) Que faites-vous ?

CLAIRON.

Ce que je fais, Hippolyte ?.. mais j'appelle Théramène à mon aide...

PECCADILLE.

Théramène ?... (Il se relève.)

SCÈNE VI.

LES MÊMES, JEANNETTE.

CLAIRON[*].

Faites entrer mon tapissier.

PECCADILLE, se relevant.

Son tapissier ! Qu'est-ce qu'elle dit, donc ?

CLAIRON.

Mais, continuez donc, marquis, mon tapissier fera Théramène ; le pauvre homme attend depuis un quart d'heure, il doit s'ennuyer à mourir, tandis qu'ici il s'amusera.

[*] Peccadille, Jeannette, Clairon.

PECCADILLE, à part.

C'est dommage! ça allait si bien!... Il n'y a rien de si difficile à renouer qu'une déclaration coupée en deux!...

SCÈNE VII.

CLAIRON, PECCADILLE, LE MARQUIS DE BRIANT,
en garçon tapissier.

LE MARQUIS, au fond, et à part.

Ah! Clairon, vous me fermez votre porte!... grâce à ce costume, me voici dans la place.

PECCADILLE*.

Pourvu que ce tapissier ne soit pas de mes connaissances!.. Je ferais peut-être bien de déguerpir!..

LE MARQUIS, regardant dans une glace en passant.

De l'assurance... et le dieu des amours fera le reste.

CLAIRON, au marquis.

Approchez, mon ami. Vous venez de la part de M. Trumeau?

LE MARQUIS.

Oui, Mademoiselle, je suis son premier garçon... et, sans vanité, un second lui-même. Vous serez contente de moi.

PECCADILLE, à part.

Voilà un tapissier bien flambant!... Je ne connais pas ce drôle-là. (Haut.) Où avez-vous travaillé, mon garçon, avant d'entrer chez Trumeau?

LE MARQUIS.

Où j'ai travaillé?... Chez Peccadille.

PECCADILLE, à part.

Hein?

CLAIRON, montrant Peccadille.

Précisément, monsieur le marquis me recommandait tout à l'heure ce Peccadille.

LE MARQUIS, à part et regardant Peccadille.

Je veux être pendu si j'ai jamais rencontré ce marquis à Versailles. C'est quelque marquis de Lansquenet.

CLAIRON.

Dites-moi, mon ami, ce Peccadille n'est-il pas le gendre de M. Alcindor, le maître du café des Neuf-Muses?

LE MARQUIS.

C'est lui-même. (A part.) Ce nom de Peccadille m'est revenu heureusement à la mémoire.

CLAIRON.

Il a, dit-on, une jolie petite femme?

LE MARQUIS.

A qui le dites-vous?.. Charmante!...

* Peccadille, le marquis, Clairon.

PECCADILLE, à part.

Ah!...

CLAIRON.

Vous la connaissez?... Je serais si heureuse d'avoir de ses nouvelles.

LE MARQUIS.

Vous ne pouviez mieux vous adresser, Mademoiselle...

PECCADILLE, à part.

Il va lui donner des nouvelles de ma femme?

LE MARQUIS.

C'est aujourd'hui la tapissière la plus pimpante, la plus à la mode...

PECCADILLE, à part.

Il connaît ma femme... c'est singulier... je ne remets pas ce tapissier-là... Je vais bien savoir s'il est de la partie... (Haut.) Vous allez donc vous meubler, belle amie?..

CLAIRON.

M. le duc de Richelieu m'a envoyé ce matin, de la part du roi, deux cents louis de gratification.

PECCADILLE.

Deux cents louis, c'est bien peu; avec deux cents louis on n'a rien.

LE MARQUIS.

Mais je ne suis pas de l'avis de monsieur le marquis, avec deux cents louis on peut meubler un palais, quand on a du goût et qu'on travaille pour mademoiselle Clairon.

PECCADILLE.

Pour faire un fauteuil, s'il faut du goût, il faut aussi du crin, jeune homme.

CLAIRON.

Judicieuse observation, monsieur le marquis.

PECCADILLE.

Et ça se paye, le crin!.. Questionnez un peu ce maroufle, chère amie, sur la façon de ses meubles. C'est que je suis un connaisseur, moi, et l'on ne m'en fera pas accroire.

CLAIRON, au marquis.

Voyons, monsieur le tapissier, il me faudrait d'abord un sofa.

LE MARQUIS.

Un sofa?..

PECCADILLE.

Un sofa pur crin, vieux chêne, sculpté, doré, recouvert en brocatelle, bleu turquin.

LE MARQUIS.

Enfin, un sofa où mademoiselle Clairon puisse faire asseoir M. de Crébillon fils, lui-même.

CLAIRON.

Mais il est plein d'esprit, ce jeune tapissier. Et combien un pareil sofa?

PECCADILLE.

Vingt louis.

LE MARQUIS.

Deux louis.

PECCADILLE, à part.

Ça ne peut pas être un tapissier!..

CLAIRON.

Je voudrais aussi une toilette?..

PECCADILLE.

Bois de rose, glace de Venise, incrustation en argent.

CLAIRON.

Et combien cette ravissante toilette?

PECCADILLE.

Trente louis.

LE MARQUIS.

Trois louis.

PECCADILLE.

Trois louis!.. jeune homme, je retiens la douzaine, au même prix.

CLAIRON.

Douze toilettes, marquis.

PECCADILLE.

J'en fais collection.

CLAIRON.

Tenez, marquis, je crois que vous vous connaissez mieux en tragédie qu'en ameublement, j'ai confiance en ce jeune homme. Mon ami, ne perdez pas de temps, installez-vous chez moi et ne me quittez pas pour une autre.

LE MARQUIS.

A moins que vous ne me mettiez à la porte, je ne sortirai pas d'ici.

CLAIRON.

Voici l'heure de l'étude, marquis, me permettez-vous de me retirer?

PECCADILLE.

Faites comme chez vous; moi, je vais rêver à mes amours en vous attendant. (Il reconduit Clairon qui entre dans le cabinet à gauche.)

SCÈNE VIII.

LE MARQUIS, PECCADILLE.

LE MARQUIS.

Viens ici, maraud, tu n'es pas marquis.

PECCADILLE.

Viens ici, drôle, tu n'es pas tapissier.

LE MARQUIS.

J'ai une furieuse envie de te couper les oreilles.

PECCADILLE.

Il faut que je te fasse bâtonner par mes gens.

ACTE II, SCÈNE VIII.

LE MARQUIS.

Nous allons bien voir qui vous êtes. Vous avez une épée, Monsieur?

PECCADILLE.

Vous croyez? (Bas.) Quelle imprudence! (Haut.) Palsembleu! je suis gentilhomme et je ne puis encanailler mon épée avec celle d'un petit vilain. (Bas.) Attrape... me voilà dégagé.

LE MARQUIS.

Puisque vous m'y forcez, Monsieur, sachez que je suis gentilhomme aussi et marquis comme vous. Sortons.

PECCADILLE, bas.

Diable. (Haut.) Un instant, monsieur le marquis, un instant. La difficulté est toujours la même.

LE MARQUIS.

Comment?

PECCADILLE.

Elle n'a fait que se déplacer. Apprenez que si vous êtes marquis, moi, je suis tapissier.

LE MARQUIS.

Je m'en doutais, faquin!

PECCADILLE.

Monseigneur!

LE MARQUIS.

Ah! tu m'as pris mon titre.

PECCADILLE.

Vous m'avez bien pris le mien.

LE MARQUIS, allant vers le fond.

Je vais à l'instant *.

PECCADILLE, le suivant.

Je cours de ce pas...

LE MARQUIS, l'arrêtant.

Un moment! Pas d'imprudence au moins.

PECCADILLE.

Pas de bêtises surtout!

LE MARQUIS; ils redescendent.

Tu aimes donc bien la Clairon?

PECCADILLE.

Ah! monsieur le marquis, j'ai quitté pour elle ma boutique et ma femme. Et vous?

LE MARQUIS.

Ce déguisement ne te montre-t-il pas assez l'extravagance de mon amour?

PECCADILLE.

Nous pouvons mutuellement nous faire donner congé. C'est consolant et agréable pour tous deux.

LE MARQUIS.

Parbleu! il me pousse une idée.

* Le marquis, Peccadille.

PECCADILLE.
Si elle est bonne, on peut la cultiver.
LE MARQUIS.
Je consens à ce que tu passes pour le marquis d'Amberville.
PECCADILLE.
Homme généreux! Ainsi vous ne direz pas à Clairon que je suis tapissier; et je pourrai lui dire que vous êtes marquis.
LE MARQUIS.
Mais pas du tout. Je te permets de rester marquis, à la condition que tu me permettes de rester tapissier. C'est un prêté pour un rendu.
PECCADILLE.
Ah! j'entends. C'est moins généreux; enfin, j'accepte...(A part.) puisque je ne peux pas faire autrement. (Haut.) Ainsi donc, tu es le garçon de chez Trumeau.
LE MARQUIS.
Et vous, monsieur le marquis d'Amberville.
PECCADILLE.
Voilà qui est dit, tapissier.
LE MARQUIS.
C'est convenu, monsieur le marquis! (A part.) Et mes chanteurs qui n'arrivent pas!

SCÈNE IX.

LES PRÉCÉDENTS, JEANNETTE.

JEANNETTE*.
Tenez, monsieur le tapissier, voici de l'ouvrage que Madame vous envoie. Vous allez poser ces portières tout de suite, madame n'aime pas qu'on la fasse attendre.
PECCADILLE.
C'est l'affaire d'un tour de main, tapissier.
LE MARQUIS, bas.
Je suis pris.
JEANNETTE, à Peccadille.
Il a l'air assez maladroit.
PECCADILLE.
Ne craignez rien, chère Phénice, je le surveillerai. (Elle sort.)

SCÈNE X.

PECCADILLE, LE MARQUIS.

LE MARQUIS.
Allons, ce n'est peut-être pas aussi difficile que ça en a l'air. (Il monte sur l'échelle.)
PECCADILLE.
Un tapissier au maillot s'en tirerait.

* Jeannette, le marquis, Peccadille; un domestique apporte une échelle.

LE MARQUIS.
Je ne puis me débrouiller de tous ces cordons, au diable le métier! (Il descend.)
PECCADILLE, montant.
Rien n'est plus simple. Tenez, on passe ce cordon à droite, puis à gauche, puis à droite, puis à gauche, puis à droite. Comprenez-vous?
LE MARQUIS, assis sur un fauteuil.
Continuez. D'ici je comprends bien mieux.
PECCADILLE.
C'est qu'après-moi, voyez-vous, il faut tirer l'échelle.
LE MARQUIS.
Je vous promets ma pratique.
PECCADILLE.
Je vous traiterai au plus juste prix. A propos! je crois que je fais votre besogne.
LE MARQUIS.
A charge de revanche.
PECCADILLE.
Bien entendu. Vous allez voir, ça va bientôt prendre tournure.

SCÈNE XI.
Les précédents, CLAIRON.

CLAIRON.
Eh bien, est-ce fini?
PECCADILLE, sur l'échelle.
Ah! il faut donner le temps aussi. (Il se retourne, aperçoit Clairon et laisse tomber les portières.)
CLAIRON.
Que vois-je! monsieur le marquis posant mes rideaux et mon tapissier qui le regarde faire.
LE MARQUIS.
C'est une leçon que je prends.
PECCADILLE.
C'est une leçon que je donne.
CLAIRON.
C'est singulier. Il me semble qu'ils sont tous deux à leur place. Ah! la destinée est bien injuste. (Écoutant.) Qu'est-ce que c'est donc?.. c'est la sérénade des nuits de Paris que je chantais au café des Neuf-Muses.
CHOEUR.
Nuits d'Espagne, nuits d'Italie,
Nuits de Provence, nuits d'Asie,
De vos splendeurs on est épris;
Mais que direz-vous, Sylvie,
Des belles nuits de Paris?
LE MARQUIS, à Peccadille.
C'est ma sérénade.

PECCADILLE, à Clairon.

C'est une surprise que j'ai voulu vous faire.

CLAIRON, au balcon.

Attendez, Messieurs, Clairette n'a pas oublié sa partie. (Elle chante.)

> Le ciel d'Orient,
> Le soleil couchant,
> N'ont pas de merveilles
> A ces nuits pareilles;
> Regards amoureux
> Et vins généreux,
> Coupes et prunelles
> Ont des étincelles;
> Minois sémillants,
> Et propos galants,
> Font des nuits charmantes,
> Des nuits ravissantes.

(Après avoir chanté.) Merci, merci, mes amis. Où donc ai-je mis ma bourse?.. Marquis, la vôtre, s'il vous plaît. (Peccadille s'empare de la bourse du marquis qui la présentait à Clairon et il la lui donne.)

PECCADILLE.

Prenez donc garde, chère amie; il y a quelques pistoles!

CLAIRON.

Qu'est-ce que ça fait, je ne vous les rendrai pas.

LE MARQUIS, à Peccadille.

Comment, tu me prends ma bourse?

PECCADILLE.

Je me paye la pose de mes rideaux.

SCÈNE XII.

Les mêmes, JEANNETTE.

JEANNETTE.

Mademoiselle, voici un bouquet. (Peccadille s'en empare.)

LE MARQUIS.

Tu me dérobes aussi mon bouquet.

PECCADILLE.

Je ne professe pas gratis. (Il offre son bouquet à Clairon qui sort du balcon.) Ma charmante... daignez accepter...

CLAIRON.

Vos fleurs et votre musique, tout est délicieux.

PECCADILLE.

Voulez-vous prendre mon bras?

CLAIRON.

Vous ne m'en voudrez pas, marquis, de ne pas vous retenir plus longtemps, je ne puis travailler que dans la solitude. Vous savez ce que c'est qu'une comédienne.

PECCADILLE.

Avec quelle grâce elle vous met à la porte, cette Clairon!

CLAIRON.
A ce soir, bel Hippolyte. Je compte bien vous voir, au milieu de mes amis, applaudir mon entrée et ma sortie.
LE MARQUIS, à part *.
Il a la première manche, mais j'aurai la seconde.

SCÈNE XIII.
CLAIRON, LE MARQUIS.
CLAIRON, un rôle à la main.
Enfin, j'ai pu me débarrasser de ce terrible r‥‥is! l'ennuyeux personnage! La sotte habitude que de co‥‥dre une comédienne à paraître dans les deux genres. J'ai joué Bérénice, on veut que je joue Célimène, sans doute parce que ce sont deux coquettes... Où en suis-je? (En ce moment Clairon s'asseoit. Le marquis, à genoux, mesure l'appartement et arrive aux pieds de Clairon qui recule son fauteuil.)
LE MARQUIS.
Huit pieds de large sur quatre de long...
CLAIRON.
Je vous gêne, Monsieur.
LE MARQUIS, levant la tête et se trouvant aux genoux de Clairon.
Pas du tout!...
CLAIRON.
Alors, c'est moi que vous gênez. Levez-vous, s'il vous plait.
LE MARQUIS.
Je trouve la place bonne.
CLAIRON.
Qu'est-ce que cela signifie?
LE MARQUIS.
Ne vous fâchez pas, Mademoiselle, mais en vous admirant sur la scène, en vous applaudissant avec enthousiasme, comme tout Paris, combien de fois me suis-je dit : Je donnerais ma vie pour être une minute à ses pieds!... et j'y suis.
CLAIRON.
Je suis bonne fille et j'aurais mauvaise grâce à me fâcher d'un hommage rendu à mon talent; mais la minute est passée, mon ami, levez-vous.
LE MARQUIS.
Il y a des minutes qui devraient durer des siècles. (Il prend la main de Clairon.)
CLAIRON **.
Eh bien!... (Elle se lève.) Comment, lui aussi, un ouvrier.
LE MARQUIS, se levant.
Oui, Mademoiselle, un ouvrier, un brave garçon, qui a un

---
* Peccadille, Clairon, le marquis.
** Le marquis, Clairon.

cœur comme un comte ou un marquis, et qui ne peut pas l'empêcher de battre quand il est si près de vous!...

CLAIRON.

Il est amusant... mais, Monsieur, j'aurais déjà mis un marquis à la porte.

LE MARQUIS.

Et vous auriez bien fait. Je ne dis pas qu'un marquis ne puisse éprouver un sentiment véritable, mais la vanité est presque toujours le mobile de la passion d'un grand seigneur, et il est juste de punir la vanité qui prend le masque de l'amour. (Mouvement de Clairon.) Mais un ouvrier, Mademoiselle, un pauvre ouvrier... sans figure...

CLAIRON, le regardant.

Hein!...

LE MARQUIS.

Ni éducation...

CLAIRON.

Mais si!...

LE MARQUIS.

Ni esprit...

CLAIRON.

Mais si... mais si...

LE MARQUIS.

Celui-là, s'il s'expose à être méprisé, chassé.... c'est qu'il aime véritablement, c'est qu'il met son amour au-dessus de sa vanité.

CLAIRON, à part.

Quel langage!

LE MARQUIS.

Ah! si j'avais seulement le bonheur de ne pas vous déplaire!...

CLAIRON.

Finissons, Monsieur. Je suppose que vous n'avez pas la fatuité de croire qu'il a suffi de quelques minutes pour vous faire aimer?

LE MARQUIS.

Oh! je n'ai pas cette prétention. Je vous donnerai le temps.

CLAIRON.

Vous êtes bien bon... mais ce serait inutile, j'aime quelqu'un.

LE MARQUIS.

En êtes-vous bien sûre?

CLAIRON, souriant.

Autant qu'on peut être sûre de ces choses-là?

LE MARQUIS, tombant à genoux.

Ah! Clairon.

CLAIRON.

Encore, Monsieur! Ah! c'en est trop et je vous cède la place.

LE MARQUIS.

Écoutez-moi, de grâce.

CLAIRON, à part.

Voilà un tapissier qui comprend singulièrement son état. (Elle sort à gauche, premier plan.)

LE MARQUIS, seul.

Elle a souri... cela ne va pas trop mal... (Bruit au dehors.) Mais quel est ce bruit? On dirait qu'on se querelle. Au diable les importuns! (Il sort à gauche, deuxième plan.)

SCÈNE XIV.

LE CHEVALIER, ALCINDOR, LUCRÈCE, puis CLAIRON.

LE CHEVALIER *.

C'est impossible, monsieur Alcindor.

ALCINDOR.

Ah! monsieur le chevalier, il n'est que trop vrai. J'ai fait le malheur de ma fille en lui donnant pour mari ce mauvais sujet.

LE CHEVALIER.

Mademoiselle Clairon est une honnête femme, et je la sais incapable de troubler un ménage. Qu'est-ce qui vous prouve enfin que votre gendre, que monsieur Peccadille soit dans cette maison?

LUCRÈCE.

Cette lettre du valet de chambre de M. le duc d'Aumont. (Elle la lui donne.)

ALCINDOR.

Va, je te l'avais bien dit, que cette baladine nous jouerait quelque tour.

LE CHEVALIER, après avoir lu.

Monsieur Peccadille en bonne fortune chez Clairon!.. Je reste confondu.

LUCRÈCE.

Traître de Peccadille!...

LE CHEVALIER.

Perfide Clairon!

ALCINDOR.

Damnée bohémienne!.. Je la sifflerai!..

LE CHEVALIER.

Je le bâtonnerai!

LUCRÈCE.

Je lui arracherai les yeux!

ALCINDOR.

Monsieur le chevalier, je cours me jeter aux pieds du vainqueur de Mahon.

LE CHEVALIER.

Pourquoi faire?

* Alcindor, le chevalier, Lucrèce.

ALCINDOR.

Pour le supplier de faire enfermer au fort l'Évêque cette diablesse qui finira par enlever tous les maris.

LE CHEVALIER.

On se moquera de vous. Voyons, avez-vous confiance en moi?..

LUCRÈCE.

Oh! oui, monsieur le chevalier.

LE CHEVALIER.

Me tenez-vous pour votre ami?..

ALCINDOR.

Pour notre ami!.. Pour notre père!

LE CHEVALIER.

Alors, promettez-moi de vous laisser conduire, de n'agir que suivant mes avis.

ALCINDOR ET LUCRÈCE, pleurant.

Oui, monsieur le chevalier.

LE CHEVALIER.

Rapportez-vous-en à mon amitié... et à ma colère!.. pour faire prompte et sévère justice.

ALCINDOR.

Pourvu que mon scélérat de Percadille ne décampe pas!..

LE CHEVALIER.

Ne perdez pas une minute... descendez, et faites sentinelle à la porte de la rue...

ALCINDOR.

Je vous comprends, monsieur le chevalier, je resterai huit jours en faction, s'il le faut. (Il sort.) Huit jours en faction!

LUCRÈCE, remontant.

Quant à moi, je ne sors pas d'ici.

LE CHEVALIER.

Je l'entends bien ainsi, ma chère Lucrèce, mais vous ne pouvez pas demeurer dans ce salon... J'entends Clairon!.. Eh! vite, derrière ce rideau.

SCÈNE XV.

CLAIRON, LE CHEVALIER.

CLAIRON, rentrant.

Le chevalier!

LE CHEVALIER.

Quoi, vous ne rougissez pas, Clairon?

CLAIRON.

Eh! pourquoi donc, chevalier?

LE CHEVALIER.

Madame, j'en conviens franchement : je suis un imbécile; malgré un peu d'esprit qu'on veut bien m'accorder, la connaissance du monde, la fréquentation de la cour, j'ai cru qu'il était possible à une femme de théâtre d'apprécier un amour tendre et profond : je me suis trompé ; chez elle, comme sur la scène, une actrice joue toujours la comédie.

CLAIRON.
Où voulez-vous en venir avec ce beau discours?

LE CHEVALIER.
Où j'en veux venir, vous le savez bien. Oseriez-vous nier qu'ici, il y a un instant, quelqu'un vous parlait d'amour... déloyale!

CLAIRON, à part.
Il nous écoutait donc? (Haut.) Doucement, chevalier; pour manquer à sa promesse, il faudrait en avoir fait une. Je n'ai rien promis à personne, pas même à vous.

LE CHEVALIER.
Il est vrai. Mais si vous ne partagez pas mon amour, vous devriez au moins épargner à mon amitié le spectacle d'une grande actrice qui oublie sa dignité au point de descendre jusqu'à un amour burlesque.

CLAIRON.
En vérité, chevalier, je ne m'attendais pas...

LE CHEVALIER.
Pourquoi, dès que cet ouvrier vous a déclaré sa ridicule flamme, ne pas l'avoir congédié!

CLAIRON.
Des amants que je fais me rendez-vous coupable?
Puis-je empêcher les gens de me trouver aimable?
Et, lorsque pour me voir ils font de doux efforts,
Dois-je prendre un bâton pour les mettre dehors?

LE CHEVALIER.
Non, ce n'est pas, Madame, un bâton qu'il faut prendre,
Mais un cœur à leurs vœux moins facile et moins tendre.

Ah! l'on n'a pas oublié son Molière!

CLAIRON.
Auriez-vous trouvé de bon goût qu'une comédienne fît la prude et jouât l'indignation pour quelques galanteries d'un simple ouvrier?.. Il m'a semblé plus spirituel et tout aussi vertueux d'en rire.

LE CHEVALIER.
Eh! quoi! vous riez lorsque le mari d'une honnête femme oublie et ses devoirs et sa famille à vos pieds!...

CLAIRON.
Mon tapissier est marié?...

LE CHEVALIER.
Le mari d'une ancienne amie!

CLAIRON.
Le mari de qui?

LE CHEVALIER.
Le mari de Lucrèce.

CLAIRON.

Que dites-vous? C'était...

LE CHEVALIER.

M. Peccadille!

CLAIRON.

M. Peccadille! Ah! le monstre! Savez-vous qu'il est charmant, chevalier?

LE CHEVALIER.

En vérité, Clairon....

CLAIRON.

Oh! c'est un homme affreux, mais charmant.

LE CHEVALIER.

Pouvez-vous me parler avec cette légèreté!

CLAIRON.

Chevalier, disposez de moi, ordonnez... (Lucrèce paraît et écoute.) tout ce que vous voudrez, je le ferai pour ramener M. Peccadille aux pieds de sa femme. J'aime Lucrèce comme une sœur, elle a été si bonne pour Clairette. Je lui ai déjà rendu un petit service, je veux lui en rendre un plus grand encore en corrigeant à jamais M. Peccadille de son impertinence envers la tragédie.

LE CHEVALIER.

Ah! je reconnais Clairon!

CLAIRON.

Envoyez d'abord chercher Lucrèce...

SCÈNE XVI.

Les mêmes, LUCRÈCE.

LUCRÈCE, sortant du balcon.

J'ai tout entendu, ma chère Clairette.

CLAIRON.

Vous ici, Lucrèce!

LE CHEVALIER.

Grâce à moi! j'avais deviné votre pensée.

CLAIRON.

Je réparerai le mal que je vous ai fait involontairement : il faut que M. Peccadille reçoive une leçon qui le guérisse pour toujours.

LUCRÈCE.

Que vous êtes bonne!

CLAIRON.

Chevalier, faites venir maître Peccadille.

LE CHEVALIER.

Je vais vous l'envoyer, par Germain. (Il sort.)

CLAIRON, à Lucrèce.

Quand je pense que vous avez dédaigné pour lui le plus élégant mousquetaire.

LUCRÈCE.

C'est vrai, Mademoiselle. Mais malgré la conduite de mon

ACTE II, SCÈNE XIX.

mari, je ne manquerai jamais à mes devoirs. C'est le conseil de ma raison et de mon cœur.

CLAIRON.

Ah! la vertu n'est pas récompensée; il faut la pratiquer gratis, mon enfant.

LUCRÈCE*.

Mais qu'allez-vous faire, Mademoiselle?

CLAIRON.

Rapportez-vous en à moi, j'ai mon projet. (Elle sonne.)

SCÈNE XVII.

LES PRÉCÉDENTES, JEANNETTE.

CLAIRON, bas à Jeannette.

La porte du boudoir qui donne sur l'escalier dérobé est-elle bien fermée?

JEANNETTE.

Oui, Mademoiselle, j'en ai moi-même retiré la clef.

CLAIRON**.

Fort bien! Tu vas te mettre en sentinelle sur l'escalier et tu écouteras tout ce qui se dira dans le boudoir.

JEANNETTE.

Oui, Mademoiselle. (Elle sort.)

SCÈNE XVIII.

CLAIRON, LUCRÈCE.

CLAIRON.

J'en ris d'avance. Maintenant, ma chère Lucrèce, ne nous laissons pas surprendre. Entrez dans ce cabinet.

LUCRÈCE.

Je mets mon bonheur entre vos mains, Mademoiselle. (Elle entre dans le cabinet à droite.)

CLAIRON.

Allez! allez, mon enfant, et comptez sur Clairon... Le voici!

SCÈNE XIX.

CLAIRON, LE MARQUIS DE BRIANT, au fond.

CLAIRON, seule un instant.

C'est singulier, il ne me semble plus aussi bien. Où donc avais-je rêvé cette distinction! Il a l'air commun, une physionomie sans expression. (Haut.) Ah! c'est la réalité qui a pris la place du roman. Approchez, galant tapissier. (A part.) Ah! vous voulez jouer la comédie avec une comédienne, on va vous

* Clairon, Lucrèce.
** Clairon, Jeannette, Lucrèce.

montrer comment cela se pratique. (Haut.) En vérité, mon cher Tircis, vous me négligez.

LE MARQUIS.

Je m'appelle Nicolas de mon petit nom, Mademoiselle, et non pas Tircis.

CLAIRON.

Si ça vous est égal, Nicolas, je vous appellerai Tircis. Vous avez une physionomie de berger malheureux qui ferait le meilleur effet sur un écran ou dans un trumeau.

LE MARQUIS.

Surtout à vos genoux, belle Iris.

CLAIRON.

Je suis sûre que vous composez des pastorales à vos moments perdus.

LE MARQUIS.

Non, ce n'est pas mon genre, je suis plus vif que cela.

CLAIRON, à part.

L'impertinent!

LE MARQUIS.

Parce que je suis plus amoureux.

CLAIRON.

C'est une excuse; en vérité, M. Nicolas, je suis sotte d'écouter vos folies; quand on est si beau garçon, on se plaît à conter fleurette à toutes les femmes.

LE MARQUIS.

Il n'en est pas d'aussi charmantes que vous!

CLAIRON.

Prenez garde, j'ai pris en jouant Roxane la mauvaise habitude d'être jalouse.

LE MARQUIS.

Ah! Clairon, qu'ai-je entendu?

CLAIRON, minaudant.

Est-ce que j'ai dit quelque chose?

LE MARQUIS.

Oh! rien, mais vous avez laissé deviner...

CLAIRON, jouant de l'éventail.

Quoi donc?

LE MARQUIS, se jetant à ses pieds.

Que je suis le plus fortuné des hommes.

CLAIRON.

Le plus fat.

LE MARQUIS, à part se relevant.

Comment! (Haut.) En vérité, Mademoiselle, je ne croyais pas avoir mérité cette épithète.

CLAIRON, se levant.

Qu'est-ce qu'un fat, s'il vous plaît? Sinon un présomptueux qui se croit irrésistible et auquel on résiste assez facilement.

* Le marquis, Clairon.

LE MARQUIS.

Je m'en aperçois.

CLAIRON.

Un pédant en amour.

LE MARQUIS.

Merci.

CLAIRON.

Qui fait faire la roue à sa personne comme un pédant à son esprit.

LE MARQUIS.

Je ne croyais pas être si ridicule.

CLAIRON.

On ne se connait pas soi-même.

LE MARQUIS, à part.

Décidément les femmes sont des girouettes. (Il remonte.)

CLAIRON.

Nicolas!

LE MARQUIS, revenant.

Mademoiselle?..

CLAIRON*.

Il y a dans ce boudoir un ameublement passé de mode.

LE MARQUIS.

Que voulez-vous que j'y fasse?

CLAIRON.

Je veux que vous l'examiniez pour le remplacer.

LE MARQUIS, à part.

Diable! (Haut.) Mademoiselle Clairon voudrait-elle me montrer elle-même ce que j'ai à faire, je tiens à travailler à son goût.

CLAIRON.

Examinez le meuble d'abord, en m'attendant.

LE MARQUIS, à part.

Où je ne suis qu'un sot, où c'est un rendez-vous. (Il entre dans le cabinet où est Lucrèce, Clairon ferme la porte à double tour.

SCÈNE XX.

CLAIRON, seul.

A merveille... Ah! que cela est bon de punir un audacieux et de rendre un mari à sa femme! Je pourrai dire comme Titus : Je n'ai pas perdu ma soirée.

SCÈNE XXI.

CLAIRON, PECCADILLE.

PECCADILLE, au fond.

Eh bien! personne pour m'annoncer. Je m'annonce moi-même. M. le marquis d'Amberville.

* Clairon, le marquis.

CLAIRON.

Faites entrer. Ah! mon cher marquis, vous arrivez à propos.

PECCADILLE.

J'arrive toujours ainsi.

CLAIRON, à part.

J'ai besoin de quelqu'un qui ébruite l'aventure, et le marquis est tout ce qu'il me faut. (Haut.) Vous permettez que j'achève de m'accommoder.

PECCADILLE.

Comment donc, je veux être votre pelotte. (Il lui présente des épingles.)

CLAIRON à sa toilette.

Figurez-vous, marquis, qu'il m'est arrivé ce matin l'aventure la plus piquante, la plus bouffonne.

PECCADILLE.

Ah! ah! contez-la-moi, nous allons rire.

CLAIRON.

Imaginez-vous, marquis, qu'un malheureux tapissier, un certain Peccadille...

PECCADILLE.

Hein? Peccadille!....

CLAIRON.

Attachez-moi donc ce bracelet, marquis... (A Peccadille.) Est tombé amoureux de moi, l'imbécile.

PECCADILLE à part.

Serais-je connu?

CLAIRON.

Oh! cela peut arriver à tout le monde d'être amoureux. Je ne lui en voudrais pas de cela; mais le drôle était marié.

PECCADILLE.

Il l'avait peut-être oublié.

CLAIRON.

La polygamie est un cas pendable... je me suis promis que cela ne se passerait pas ainsi. Passez-moi une mouche.

PECCADILLE.

Diable! et qu'avez-vous fait?

CLAIRON.

J'ai d'abord fait venir la femme du tapissier.

PECCADILLE, à part.

Ah! mon Dieu! je n'ai que le temps de m'en aller.

CLAIRON.

Donnez-moi une épingle. Quand j'ai eu Lucrèce sous la main...

PECCADILLE, troublé, laissant tomber les épingles.

Quand vous avez eu Lucrèce sous la main...?

CLAIRON.

Qu'est-ce que vous faites donc! c'est une pluie d'épingles.

PECCADILLE, troublé.

Quand vous avez eu Lucrèce sous la main...?

CLAIRON.

Faites-moi le plaisir de regarder à travers cette serrure, marquis.

PECCADILLE.

Ah! vous voulez que je regarde? (Il regarde.) Ne me parliez-vous pas d'une certaine Lucrèce?

CLAIRON.

Est-ce que vous ne voyez rien?

PECCADILLE.

Si, si, je vois quelque chose.

CLAIRON.

Après avoir fait venir Lucrèce, j'ai fait venir son benêt de mari.

PECCADILLE, revenant.

Hein! son mari?

CLAIRON.

Mais regardez donc, marquis, vous êtes insupportable.

PECCADILLE, regardant.

Ma foi, je ne vois plus rien.

CLAIRON.

Alors, vous avez la berlue, car j'ai enfermé dans ce cabinet M. et madame Peccadille.

PECCADILLE.

Au voleur, à l'assassin!...

CLAIRON.

Êtes-vous fou, marquis?...

PECCADILLE.

Je ne suis pas marquis, je suis Peccadille.

CLAIRON.

Vous, Peccadille! sous ce costume! Ah! c'est indigne!

PECCADILLE.

Lucrèce, ma chère Lucrèce!

CLAIRON, à part.

Quel est donc l'autre?...

SCÈNE XXII.

Les mêmes, JEANNETTE.

JEANNETTE, entrant vivement.

C'est le marquis de Briant. Je l'ai fait évader.

PECCADILLE.

Monsieur, c'est ma femme. Montrez-vous noble et grand, n'abusez pas de la situation.

CLAIRON, donnant une clef à Jeannette.

Et Lucrèce?

JEANNETTE, prenant la clef.

Fiez-vous à moi. (Elle sort.)

PECCADILLE.

Monsieur, je vous brûle la cervelle par le trou de la serrure.

CLAIRON.

A nous deux maintenant! (Apercevant le chevalier.) Venez, venez, chevalier, voici monsieur le marquis de Peccadille.

SCÈNE XXIII.

Les mêmes, LE CHEVALIER.

LE CHEVALIER.

Que vois-je?.. Monsieur Peccadille en habit de cour... à qui en avez-vous donc?

PECCADILLE.

A un larron qui m'a pris mon nom, mon habit et ma femme... Ouvrez, ouvrez, ou j'enfonce la porte.

SCÈNE XXIV.

(Jeannette paraît à la porte de droite, et Lucrèce à la porte de gauche.)

Les mêmes, LUCRÈCE, JEANNETTE.

PECCADILLE.

Phénice!

LUCRÈCE.

Traître!

PECCADILLE, se retournant.

Ma femme!

LE CHEVALIER, à Jeannette.

Tu n'étais pas seule?

JEANNETTE.

J'étais avec le tapissier à Madame.

LUCRÈCE.

Tu ne m'attendais pas, mauvais sujet!

PECCADILLE.

C'est une agréable surprise.

CLAIRON, bas à Jeannette.

Je double tes gages. (Haut.) Eh bien! monsieur le séducteur, comment trouvez-vous que nous donnons des leçons de fidélité à messieurs les maris?

PECCADILLE.

Charmant! charmant! (A part.) Je suis tombé dans une souricière.

LE CHEVALIER.

Ça ne peut pas se passer sans coups de bâton.

PECCADILLE.

Ma chère petite femme!

ACTE II, SCÈNE XXIV.

LUCRÈCE.

Jamais, Monsieur, jamais!

CLAIRON*.

Vous mériteriez bien qu'on vous tînt rigueur, après votre indigne conduite... Vous n'y reviendrez plus?

PECCADILLE.

Non. J'ai eu trop peur.

CLAIRON.

Allons, ma chère Lucrèce, pardonnez-lui. Les femmes ne sont jamais si jolies que lorsqu'elles pardonnent.

PECCADILLE.

Tu es jolie comme un amour.

LUCRÈCE, à Clairon.

C'est à votre considération, au moins.

CLAIRON.

Embrassez votre femme, monsieur le tapissier.

LE CHEVALIER**.

Ah! qu'ils sont heureux, Clairon! Et votre examen de cœur?

CLAIRON.

Je ne suis plus incertaine.

Air nouveau de M. MONTAUBRY.

La muse de la tragédie
Pourrait s'offenser, me dit-on,
Qu'une servante de Thalie
Ait pris le masque de Clairon.
Je suis, Messieurs, une soubrette,
Mais j'ai cru, n'ai-je pas raison,
Que Bérénice et Marinette
Étaient de la même maison.

* Jeannette, Lucrèce, Clairon, Peccadille, le chevalier.
** Jeannette, Lucrèce, Peccadille, Clairon, le chevalier.

FIN.

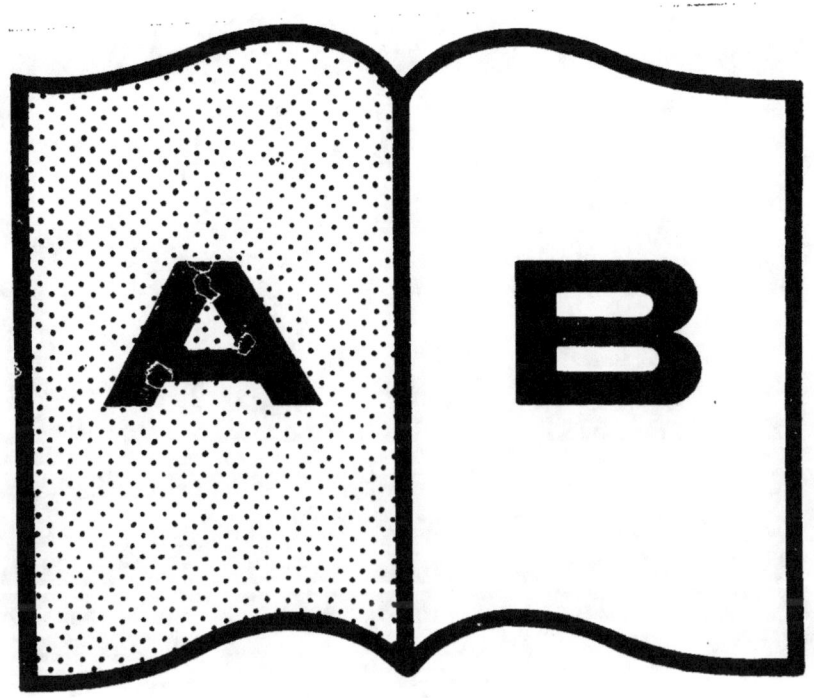

Contraste insuffisant

NF Z 43-120-14